AF201162

Impressum
Verlag: BABADADA GmbH, Nedderfeld 112 , 22529 Hamburg
Geschäftsführer / Verlagsleitung: Harald Hof
Druck: Books on Demand GmbH, In de Tarpen 42, 22848 Norderstedt

Imprint
Publisher: BABADADA GmbH, Nedderfeld 112 , 22529 Hamburg, Germany
Managing Director / Publishing direction: Harald Hof
Print: Books on Demand GmbH, In de Tarpen 42, 22848 Norderstedt, Germany

1

escola
skola

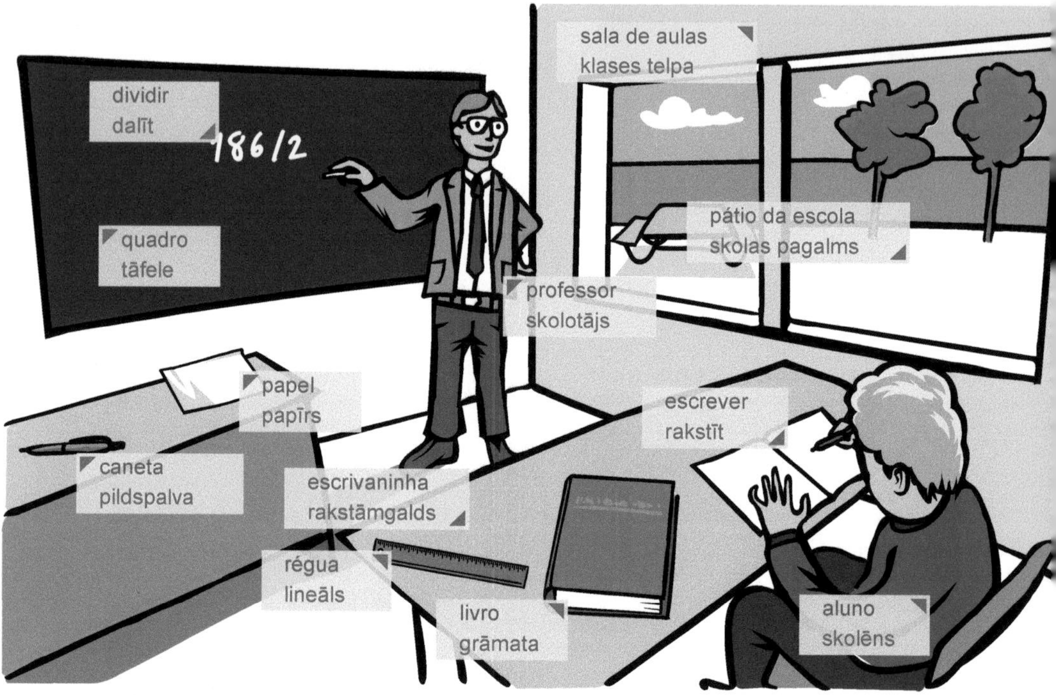
sala de aulas
klases telpa
dividir
dalīt
186/2
quadro
tāfele
pátio da escola
skolas pagalms
professor
skolotājs
papel
papīrs
escrever
rakstīt
caneta
pildspalva
escrivaninha
rakstāmgalds
régua
lineāls
livro
grāmata
aluno
skolēns

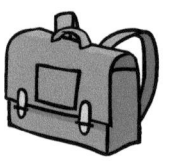

sacola

skolas soma

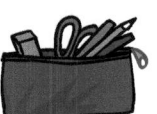

estojo de lápis

penālis

lápis

zīmulis

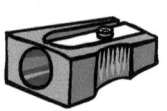

apontador de lápis

zīmuļu asināmais

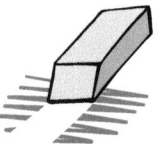

borracha

dzēšgumija

bloco de desenho

zīmēšanas bloks

desenho

zīmējums

pincel

ota

estojo de tintas

krāsas

tesoura

šķēres

cola

līme

livro de exercícios

darba burtnīca

lição de casa

mājas darbs

12

número

skaitlis

2+2

somar

saskaitīt

5-2

subtrair

atņemt

2×2

multiplicar

reizināt

calcular

rēķināt

A

letra

burts

ABCDEFG HIJKLMN OPQRSTU VWXYZ

alfabeto

alfabēts

palavra

vārds

texto

teksts

ler

lasīt

giz

krīts

hora

mācību stunda

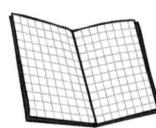

registro da classe

žurnāls

exame

eksāmens

certificado

liecība

uniforme escolar

skolas forma

educação

izglītība

enciclopédia

enciklopēdija

universidade

universitāte

microscópio

mikroskops

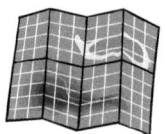

mapa

karte

cesto de lixo

papīrgrozs

viagem
ceļojums

hotel
viesnīca
Grand
albergue
hostelis
ROOMS
casa de câmbio
valūtas maiņas punkts
EXCHANGE
mala
čemodāns
carro
automašīna

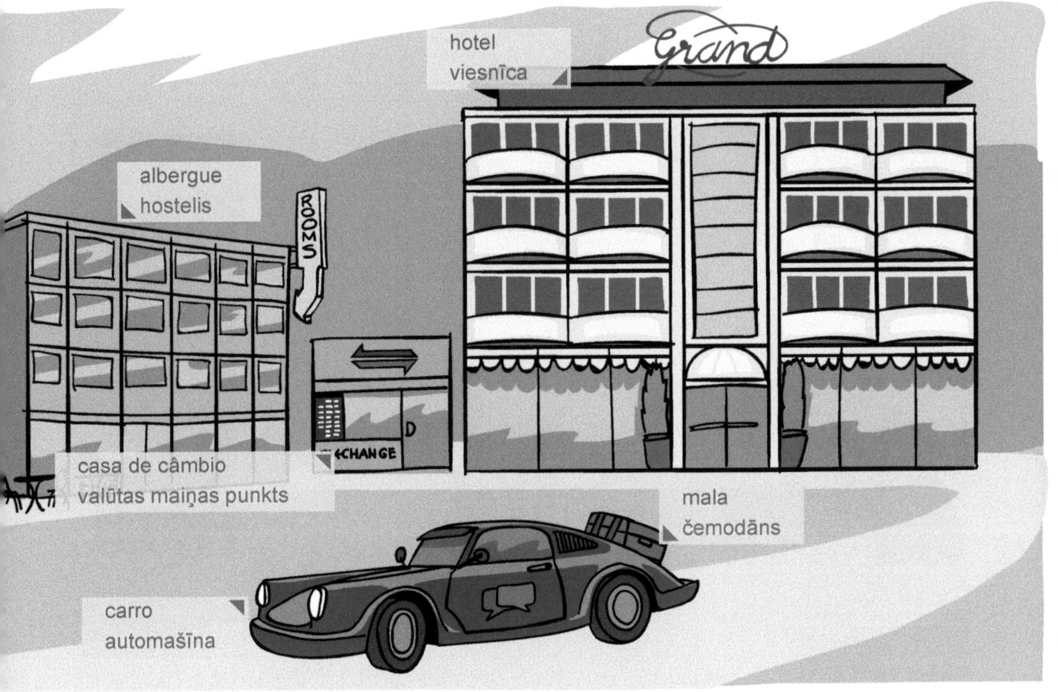

idioma

Valoda

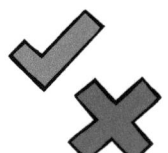

sim / não

jā / nē

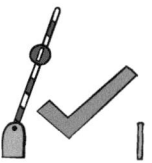

ok

Okay

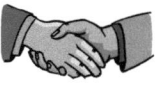

Olá

Sveiki!

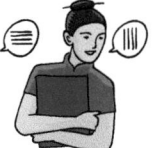

tradutor

tulks

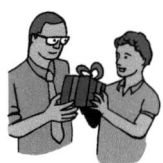

obrigado

paldies

quanto custa...?

Cik maksā...?

eu não entendo

Es nesaprotu

problema

problēma

boa noite!

Labvakar!

Bom dia!

Labrīt!

Boa noite!

Ar labu nakti!

até logo

Uz redzēšanos

direção

virziens

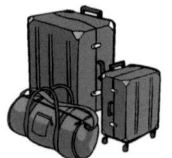

bagagem

bagāža

bolsa

soma

mochila

mugursoma

convidado

viesis

quarto

istaba

saco de dormir

guļammaiss

barraca

telts

informação turística

tūrisma informācija

praia

pludmale

cartão de crédito

kredītkarte

café da manhã

brokastis

almoço

pusdienas

jantar

vakariņas

bilhete

biļete

elevador

lifts

selo

pastmarka

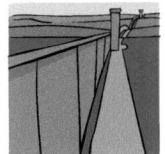

fronteira

robeža

alfândega

muita

embaixada

vēstniecība

visto

vīza

passaporte

pase

transporte
transports

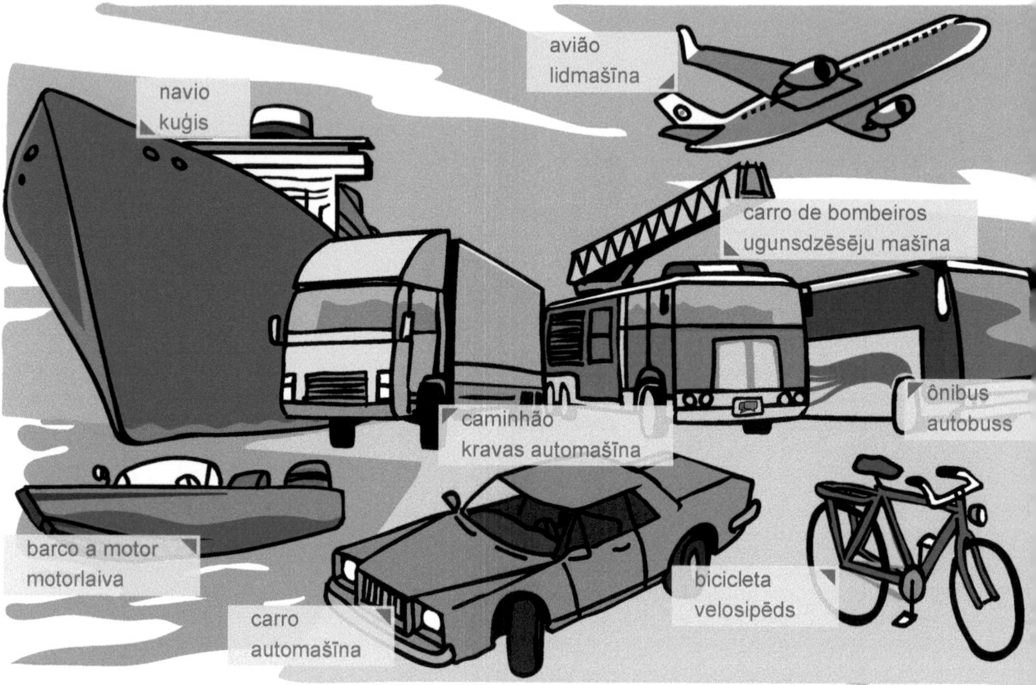

navio
kuģis
avião
lidmašīna
carro de bombeiros
ugunsdzēsēju mašīna
ônibus
autobuss
caminhão
kravas automašīna
barco a motor
motorlaiva
bicicleta
velosipēds
carro
automašīna

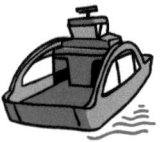

balsa

prāmis

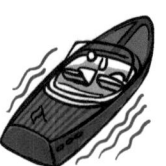

barco

laiva

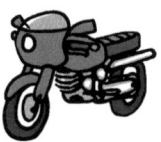

motocicleta

motocikls

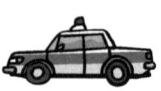

veículo policial

policijas automašīna

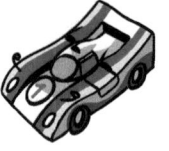

carro de corrida

sacīkšu automobilis

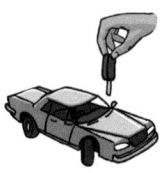

carro de aluguel

nomas auto

compartilhamento de automóvel
auto koplietošana

caminhão de reboque
evakuators

caminhão de lixo
atkritumu mašīna

motor
dzinējs

combustível
benzīns

posto de gasolina
degvielas uzpildes stacija

placa de trânsito
ceļa zīme

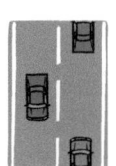

trânsito
satiksme

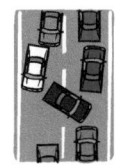

trânsito lento
sastrēgums

estacionamento
stāvvieta

estação de trem
dzelzceļa stacija

trilhos
sliedes

trem
vilciens

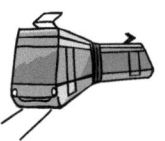

bonde
tramvajs

vagão
vagons

helicóptero

helikopters

aeroporto

lidosta

torre

tornis

passageiro

pasažieris

contêiner

konteiners

cartolina

kaste

carroça

ratiņi

cesto

grozs

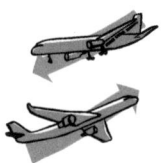

decolar / pousar

pacelties / nosēsties

cidade

pilsēta

vilarejo

ciems

centro da cidade

pilsētas centrs

casa

māja

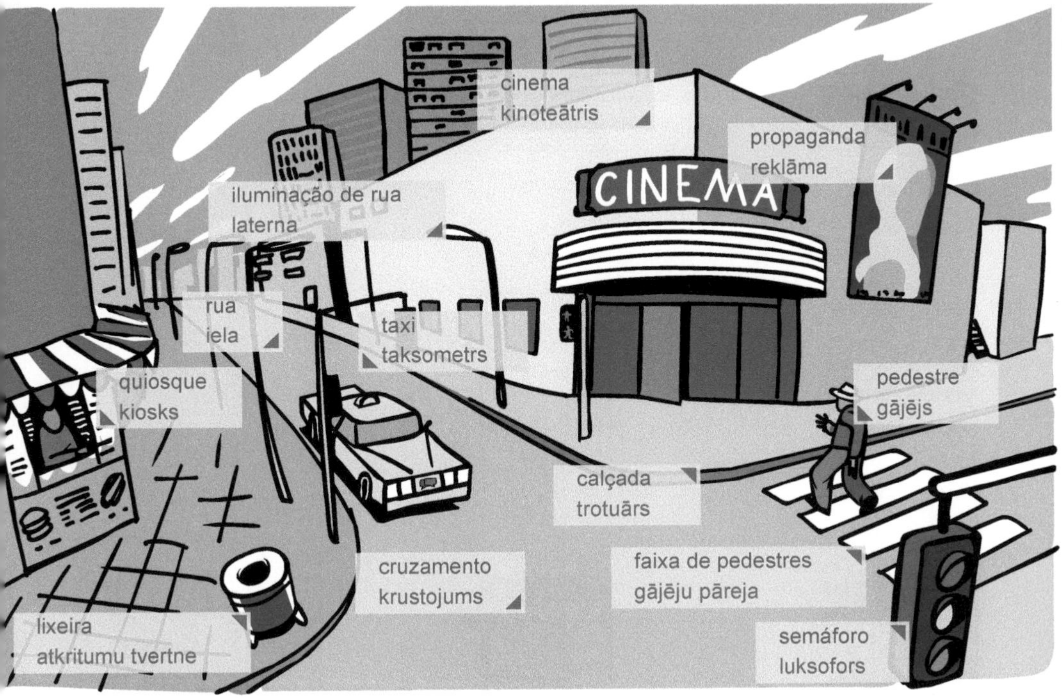

cinema
kinoteātris

propaganda
reklāma

iluminação de rua
laterna

CINEMA

rua
iela

taxi
taksometrs

quiosque
kiosks

pedestre
gājējs

calçada
trotuārs

cruzamento
krustojums

faixa de pedestres
gājēju pāreja

lixeira
atkritumu tvertne

semáforo
luksofors

cabana
būda

apartamento
dzīvoklis

estação de trem
dzelzceļa stacija

prefeitura
rātsnams

museu
muzejs

escola
skola

cidade - pilsēta

11

universidade

universitāte

banco

banka

hospital

slimnīca

hotel

viesnīca

farmácia

aptieka

escritório

birojs

livraria

grāmatnīca

loja

veikals

floricultura

ziedu veikals

supermercado

lielveikals

mercado

tirgus

loja de departamentos

tirdzniecības centrs

peixaria

zivju tirgotājs

centro comercial

tirdzniecības centrs

porto

osta

parque

parks

banco

sols

ponte

tilts

escadas

kāpnes

metrô

metro

túnel

tunelis

ponto de ônibus

autobusa pieturvieta

bar

bārs

restaurante

restorāns

caixa de correspondência

pastkastīte

placa de rua

ielas nosaukuma plāksne

parquímetro

stāvlaika skaitītājs

zoológico

zooloģiskais dārzs

piscina

peldbaseins

mesquita

mošeja

fazenda
zemnieku saimniecība

poluição
vides piesārņojums

cemitério
kapsēta

igreja
baznīca

parquinho
spēļu laukums

templo
templis

paisagem
ainava

folha
lapa

placa de sinalização
ceļrādis

caminho
ceļš

gramado
pļava

pedra
akmens

árvore
koks

caminhantes
ceļotājs

rio
upe

grama
zāle

flor
puķe

vale
ieleja

montanha
kalns

lago
ezers

floresta
mežs

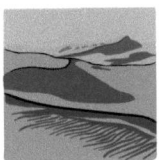

deserto
tuksnesis

vulcão
vulkāns

castelo
pils

arco-íris
varavīksne

cogumelo
sēne

palmeira
palma

mosquito
moskīts

mosca
muša

formiga
skudra

abelha
bite

aranha
zirneklis

besouro

vabole

sapo

varde

esquilo

vāvere

ouriço

ezis

lebre

zaķis

coruja

pūce

pássaro

putns

cisne

gulbis

javali

meža cūka

veado

briedis

alce

alnis

barragem

aizsprosts

aerogerador

vēja ģenerators

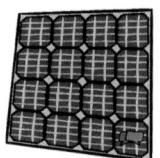

painel solar

saules baterija

clima

klimats

paisagem - ainava

restaurante

restorāns

garçom
viesmīlis
menu
ēdienkarte
cadeira
krēsls
sopa
zupa
pizza
pica
talheres
galda piederumi
toalha de mesa
galdauts

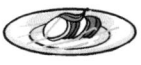

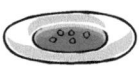

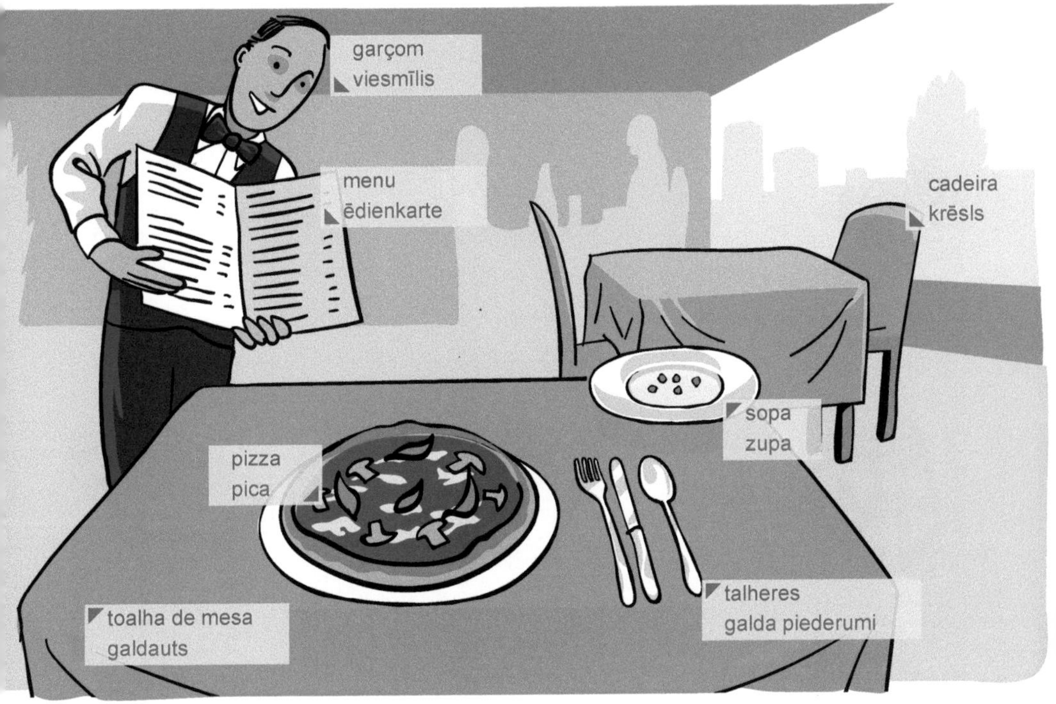

entrada
uzkoda

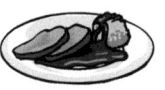

prato principal
pamatēdiens

sobremesa
deserts

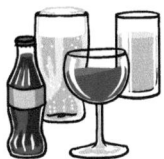

bebidas
dzērieni

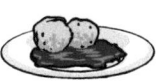

comida
ēdiens

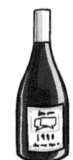

garrafa
pudele

fastfood

ātrās uzkodas

comida de rua

ielu uzkodas

bule de chá

tējkanna

açucareiro

cukurtrauks

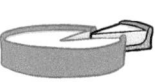

porção

porcija

máquina de expresso

espresso kafijas automāts

cadeirão

bāra krēsls

conta

rēķins

bandeja

paplāte

faca

nazis

garfo

dakša

colher

karote

colher de chá

tējkarote

guardanapo

salvete

copo

glāze

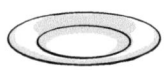

prato
škīvis

prato de sopa
zupas šķīvis

pires
apakštase

molho
mērce

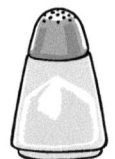

saleiro
sāls trauciņš

moedor de pimenta
piparu dzirnaviņas

vinagre
etiķis

óleo
eļļa

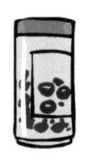

especiarias
garšvielas

ketchup
kečups

mostarda
sinepes

maionese
majonēze

supermercado
lielveikals

oferta especial
piedāvājums
FOR
cliente
klients
laticínios
piena produkti
frutas
augļi
carrinho de compras
iepirkumu ratiņi

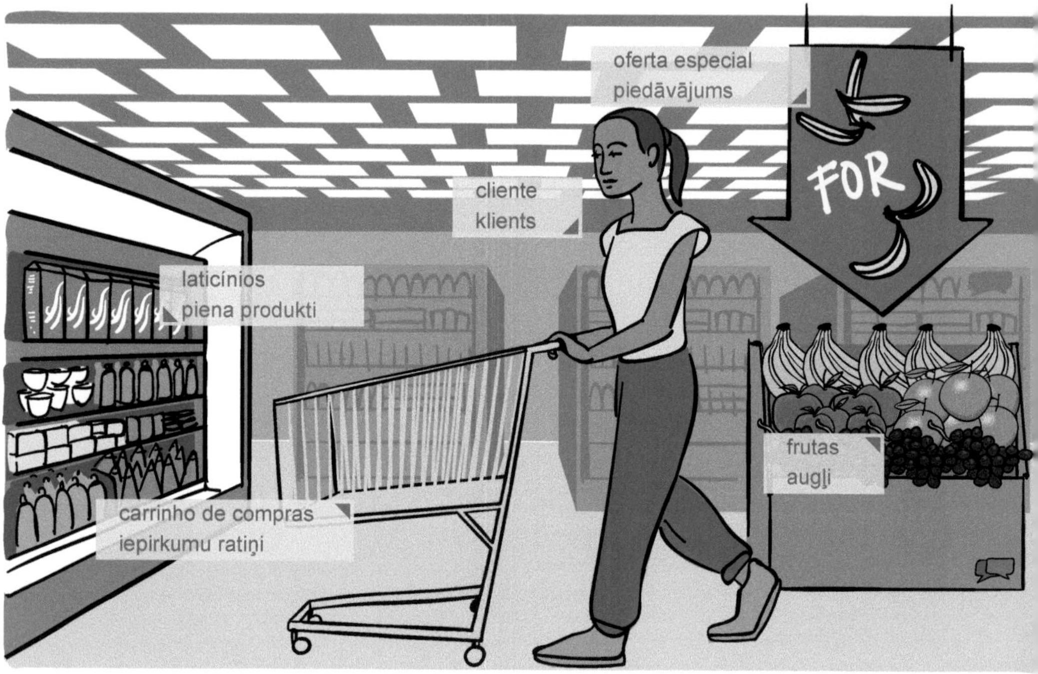

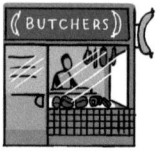

BUTCHERS

açougue
kautuve

BAKERY

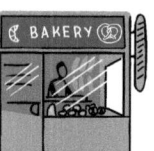

padaria
maizes veikals

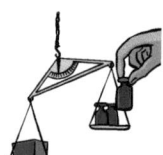

pesar
svērt

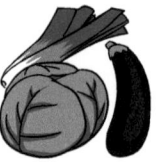

legumes
dārzeņi

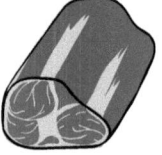

carne
gaļa

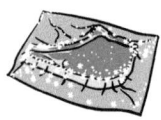

congelados
saldēti produkti

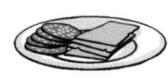

charcutaria
aukstās gaļas uzkodas

conservas
konservi

detergente em pó
pulveris

doces
saldumi

artigos domésticos
mājsaimniecības preces

produtos de limpeza
tīrīšanas līdzeklis

vendedora
pārdevēja

caixa
kase

caixa
kasieris

lista de compras
iepirkumu saraksts

horário de funcionamento
darba laiks

carteira
maks

cartão de crédito
kredītkarte

sacola
soma

saco plástico
maisiņš

água

ūdens

suco

sula

leite

piens

coca-cola

kola

vinho

vīns

cerveja

alus

álcool

alkohols

cacau

kakao

chá

tēja

café

kafija

expresso

espresso

cappuccino

kapučīno

banana

banāns

maçã

ābols

laranja

apelsīns

melão

melone

limão

citrons

cenoura

burkāns

alho

ķiploks

bambu

bambuss

cebola

sīpols

cogumelo

sēne

nozes

rieksti

macarrão

makaroni

espaguete

spageti

arroz

rīsi

salada

salāti

batatas fritas

frī kartupeļi

batatas frias

cepti kartupeļi

pizza

pica

hambúrger

hamburgers

sanduíche

sviestmaize

escalope

šnicele

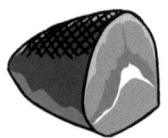

presunto

šķiņķis

salame

salami

salsicha

desa

galinha

vista

assado

cepetis

peixe

zivs

flocos de aveia

auzu pārslas

granola

muslis

flocos de milho

brokastu pārslas

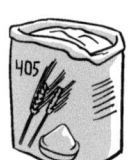

farinha

milti

croissant

radziņš

pãozinho

brokastu maizītes

pão

maize

torrada

tostermaize

biscoitos

cepumi

manteiga

sviests

requeijão

biezpiens

bolo

kūka

ovo

ola

ovo frito

cepta ola

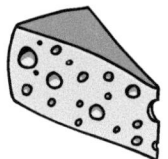

queijo

siers

sorvete

saldējums

açúcar

cukurs

mel

medus

geleia

marmelāde

creme de avelãs

riekstu krēms

curry

karijs

fazenda
zemnieku saimniecība

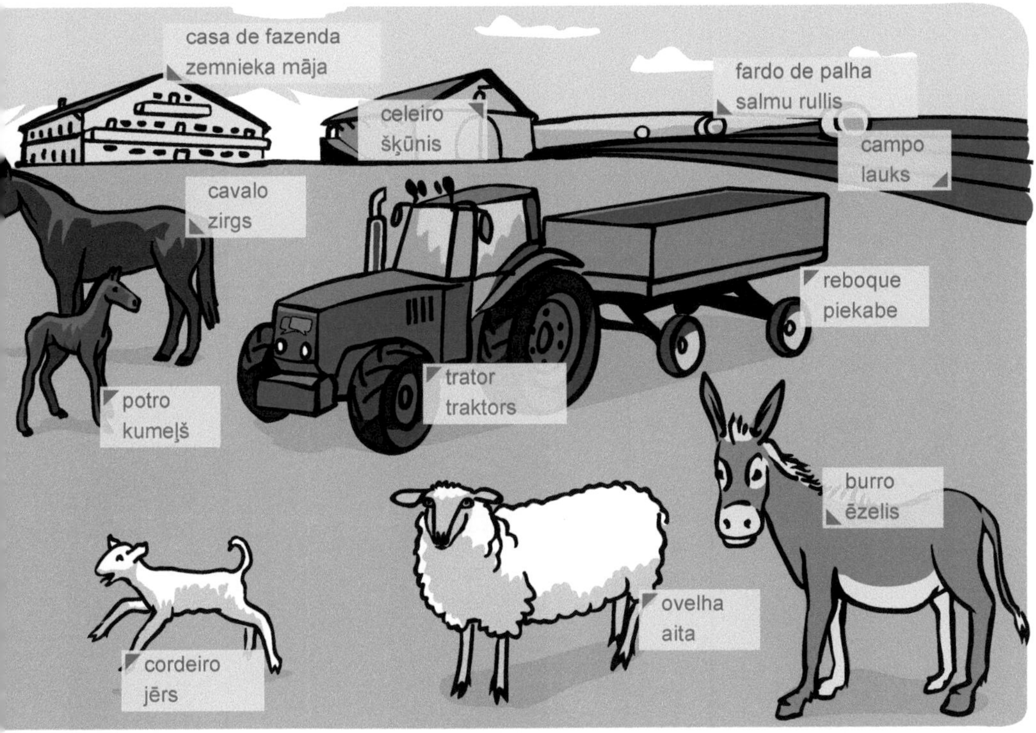

casa de fazenda
zemnieka māja
celeiro
šķūnis
fardo de palha
salmu rullis
campo
lauks
cavalo
zirgs
reboque
piekabe
trator
traktors
potro
kumeļš
burro
ēzelis
ovelha
aita
cordeiro
jērs

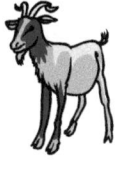

cabra

kaza

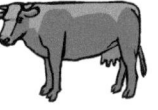

vaca

govs

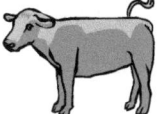

bezerro

teļš

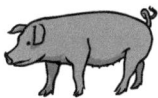

porco

cūka

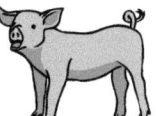

leitão

sivēns

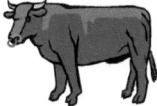

touro

bullis

ganso
zoss

pato
pīle

pintinho
cālis

galinha
vista

galo
gailis

ratazana
žurka

gato
kaķis

camundongo
pele

boi
vērsis

cachorro
suns

casinha do cachorro
suņa būda

mangueira de jardim
dārza šļūtene

regador
lejkanna

foice
izkapts

arado
arkls

foice
sirpis

enxada
kaplis

forquilha
mēslu dakša

machado
cirvis

carrinho de mão
ķerra

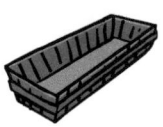

manjedoura
sile

jarra de leite
piena kanna

saco
maiss

cerca
žogs

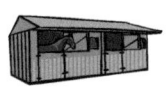

estábulo
kūts

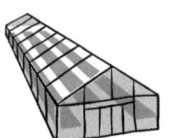

estufa
siltumnīca

solo
augsne

semente
sēklas

fertilizante
mēslojums

colheitadeira
kombains

colher
novākt ražu

colheita
raža

inhame
jamss

trigo
kvieši

soja
soja

batata
kartupelis

milho
kukurūza

colza
rapsis

árvore frutífera
augļu koks

mandioca
manioka

cereais
labība

casa
māja

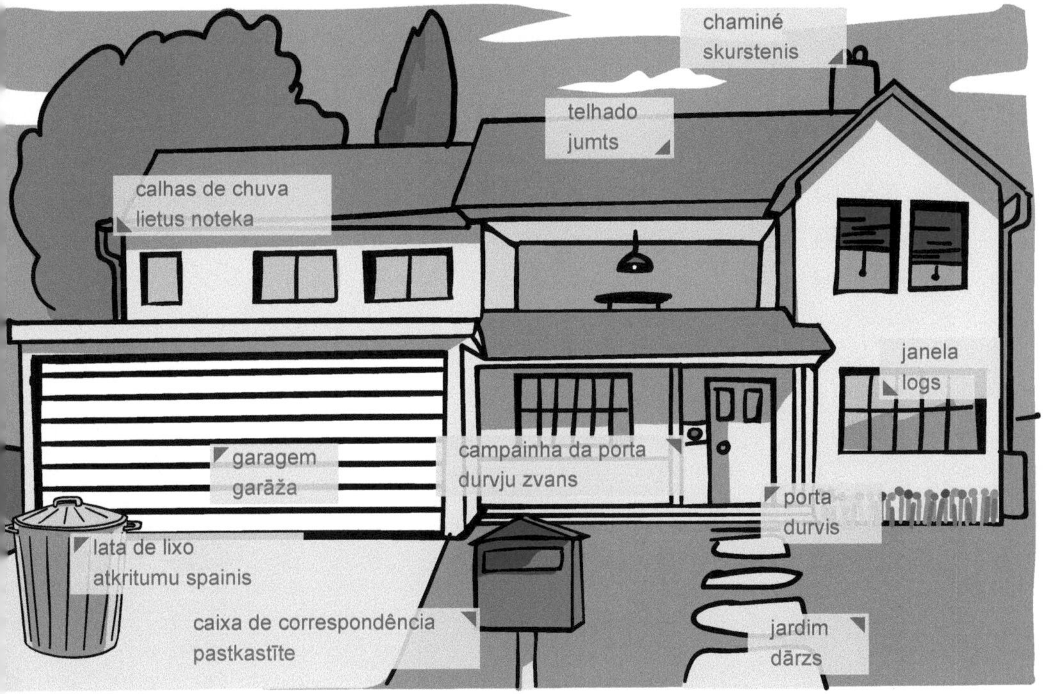

chaminé
skurstenis
telhado
jumts
calhas de chuva
lietus noteka
janela
logs
garagem
garāža
campainha da porta
durvju zvans
porta
durvis
lata de lixo
atkritumu spainis
caixa de correspondência
pastkastīte
jardim
dārzs

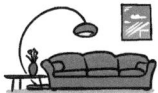

sala de estar

viesistaba

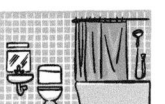

banheiro

vannas istaba

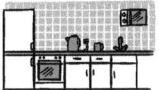

cozinha

virtuve

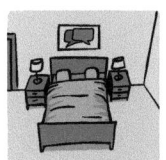

quarto de dormir

guļamistaba

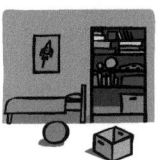

quarto de criança

bērnu istaba

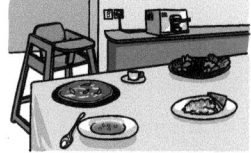

sala de jantar

ēdamistaba

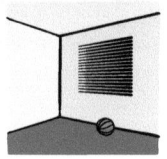

chão
grīda

parede
siena

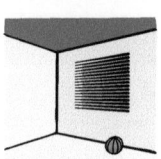

teto
griesti

porão
pagrabs

sauna
sauna

varanda
balkons

terraço
terase

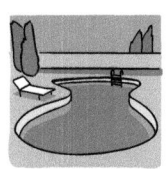

piscina
baseins

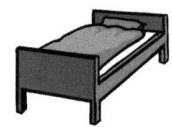

cortador de grama
zāles pļāvējs

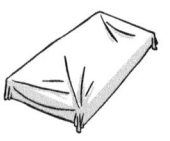

lençol
gultas veļa

coberta
sega

cama
gulta

vassoura
slota

balde
spainis

interruptor
slēdzis

sala de estar

viesistaba

papel de parede
tapetes
quadro
attēls
lâmpada
lampa
prateleira
plaukts
armário
skapis
televisão
televizors
lareira
kamīns
flor
puķe
travesseiro
spilvens
sofá
dīvāns
vaso
vāze
controle remoto
tālvadības pults

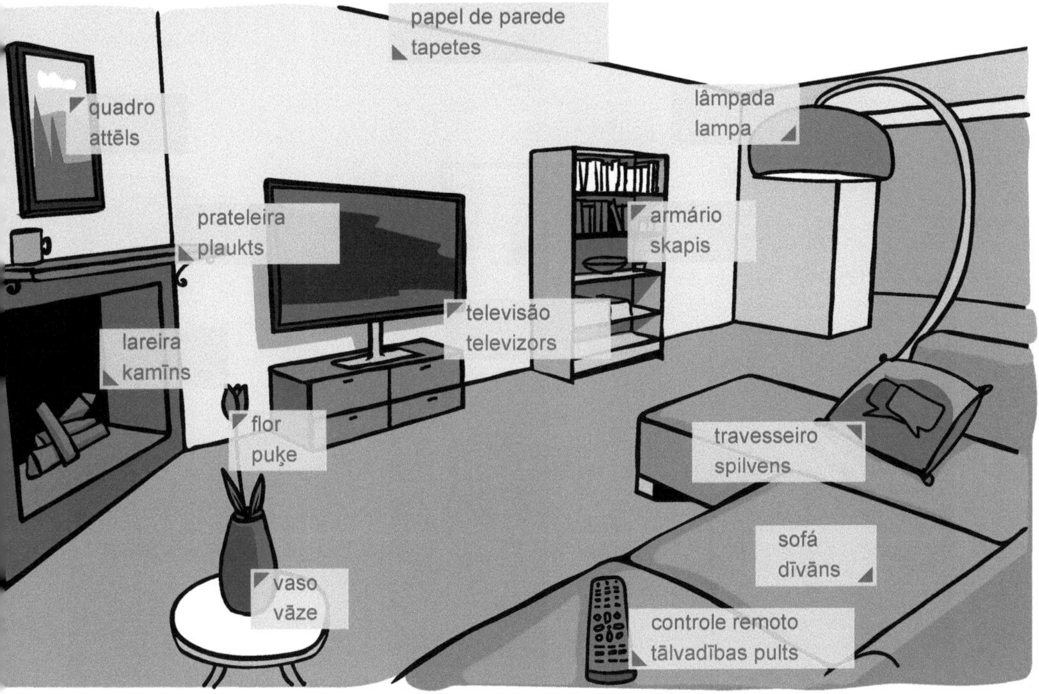

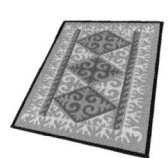

tapete

paklājs

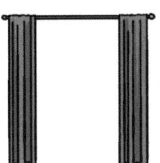

cortina

aizkars

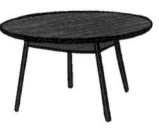

mesa

galds

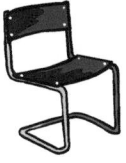

cadeira

krēsls

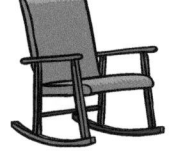

cadeira de balanço

šūpuļkrēsls

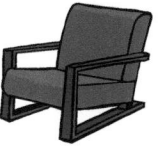

poltrona

atpūtas krēsls

livro

grāmata

cobertor

sega

decoração

dekorācija

lenha

malka

filme

filma

equipamento de som

mūzikas centrs

chave

atslēga

jornal

avīze

pintura

glezna

pôster

plakāts

rádio

radio

bloco de notas

pierakstu blociņš

aspirador

putekļu sūcējs

cacto

kaktuss

vela

svece

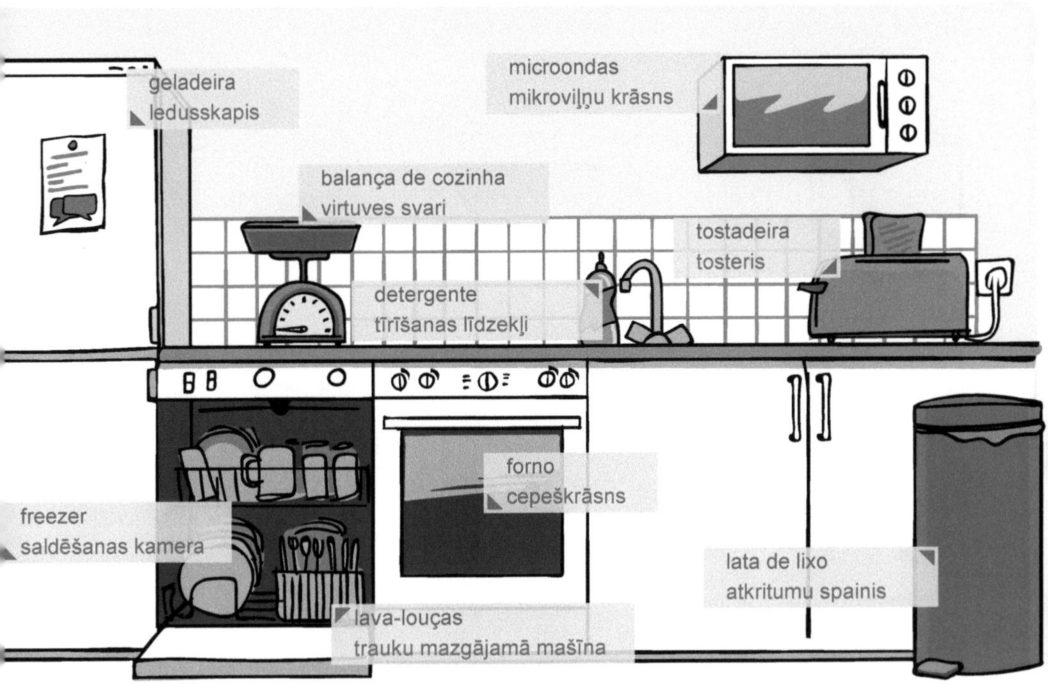

geladeira
ledusskapis

microondas
mikroviļņu krāsns

balança de cozinha
virtuves svari

tostadeira
tosteris

detergente
tīrīšanas līdzekļi

forno
cepeškrāsns

freezer
saldēšanas kamera

lata de lixo
atkritumu spainis

lava-louças
trauku mazgājamā mašīna

fogão
plīts

panela
pods

panela de ferro
katls

wok / kadai
Wok panna

frigideira
panna

chaleira
elektriskā tējkanna

panela a vapor

tvaika katls

tabuleiro de forno

cepešpanna

louça

trauki

caneca

krūze

caçarola

bļoda

hashi

irbulīši

concha de sopa

kauss

espátula

lāpstiņa

batedor

putošanas slotiņa

escorredor

sietiņš

peneira

siets

ralador

rīve

almofariz

piesta

churrasqueira

grilēt

lareira

atklāts pavards

tábua de cortar

dēlis

rolo da massa

mīklas rullis

saca-rolhas

korķu viļķis

lata

bundža

abridor de latas

konservu nazis

pegador de panela

virtuves cimdi

pia

izlietne

escova

birste

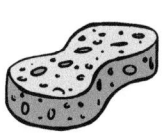

esponja

sūklis

liquidificador

mikseris

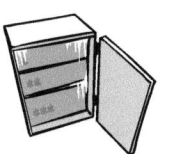

congelador

saldētava

mamadeira

bērna pudelīte

torneira

ūdenskrāns

banheiro

vannas istaba

aquecimento
apkure
toalha
dvielis
ducha
duša
cortina de chuveiro
dušas aizkari
banho de espuma
vannas putas
banheira
vanna
copo
glāze
lava-roupa
veļas mašīna
torneira
ūdenskrāns
azulejos
flīzes
penico
podiņš
pia
izlietne

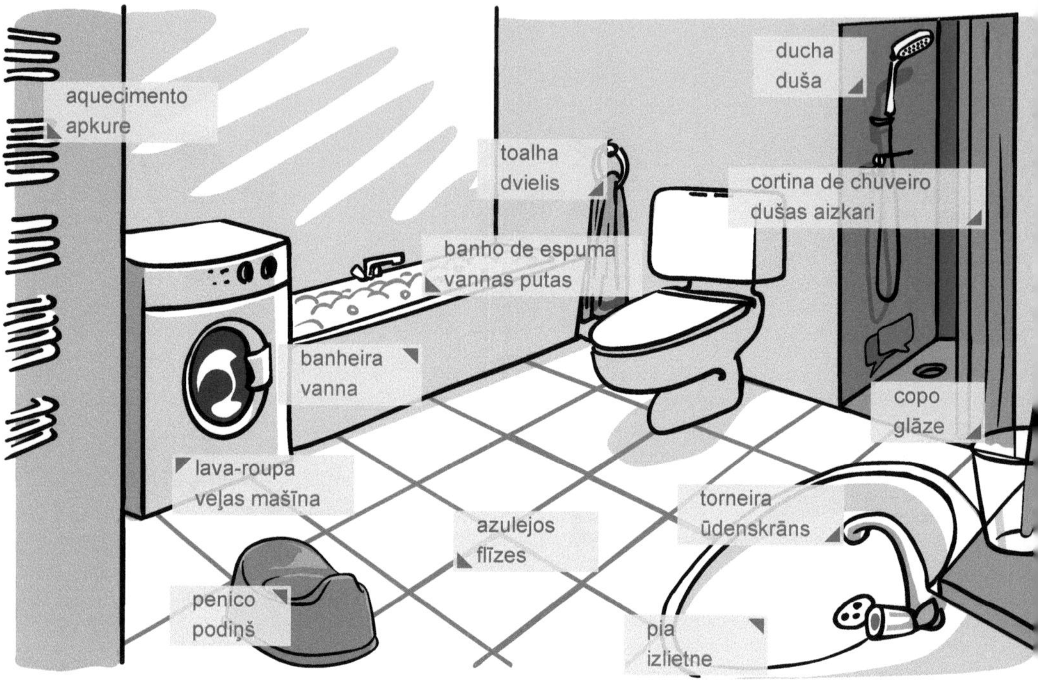

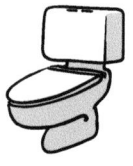

vaso sanitário

tualetes pods

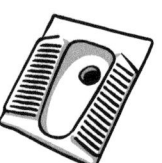

lavabo de agachar

Āzijas tipa tualete

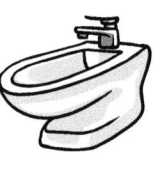

bidê

bidē

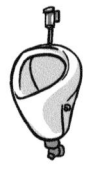

mictório

pisuārs

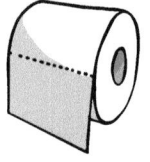

papel higiênico

tualetes papīs

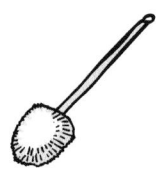

escova de privada

tualetes birste

escova de dentes

zobu birste

pasta de dentes

zobu pasta

fio dental

zobu diegs

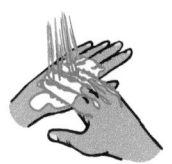

lavar

mazgāt

ducha de mão

rokas duša

ducha íntima

duša

bacia

bļoda

escova para as costas

muguras mazgāšanas birste

sabonete

ziepes

gel de banho

dušas želeja

xampu

šampūns

toalha de rosto

mazgāšanas drāna

escoamento

noteka

creme

krēms

desodorante

dezodorants

espelho

spogulis

espelho de mão

spogulītis

barbeador

skuveklis

espuma de barbear

skūšanās putas

loção pós-barba

losjons pēc skūšanās

pente

ķemme

escova

matu suka

secador de cabelo

matu fēns

spray de cabelo

matu laka

maquiagem

grima komplekts

batom

lūpu krāsa

esmalte de unhas

nagulaka

algodão

vate

tesoura para unhas

šķērītes

perfume

smaržas

nécessaire

kosmētikas maks

banquinho

ķeblītis

balança

svari

roupão de banho

halāts

luvas de borracha

tīrīšanas cimdi

absorvente interno

tampons

absorvente íntimo

pakete

banheiro químico

ķīmiskā tualete

quarto de criança
bērnu istaba

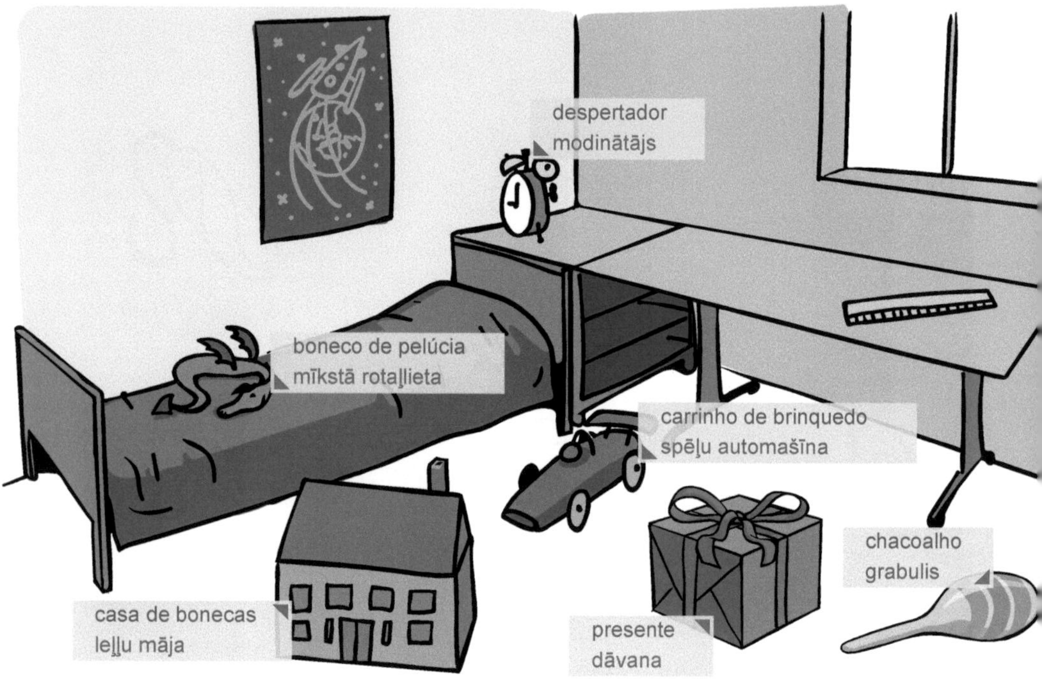
despertador
modinātājs
boneco de pelúcia
mīkstā rotaļlieta
carrinho de brinquedo
spēļu automašīna
chacoalho
grabulis
casa de bonecas
leļļu māja
presente
dāvana

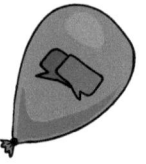

balão
balons

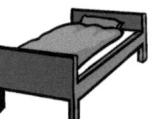

cama
gulta

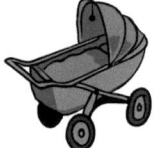

carrinho de bebê
bērnu ratiņi

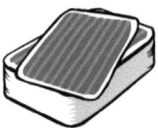

jogo de cartas
kārtis

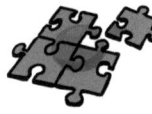

quebra-cabeças
puzle

SUPER
MEGA

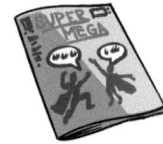

revista de quadrinhos
komikss

peças de Lego

LEGO klucīši

blocos de construção

klucīši

figura de ação

varoņu figūra

macaquinho de bebê

rāpulītis

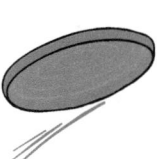

frisbee

lidojošais šķīvītis

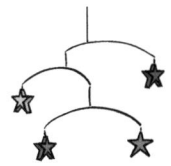

móbile para bebé

muzikālais karuselis

jogo de tabuleiro

galda spēle

dados

metamais kauliņš

trenzinho elétrico

rotaļu dzelzceļš

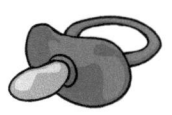

chupeta

māneklis

festa

ballīte

livro ilustrado

bilžu grāmata

bola

bumba

boneca

lelle

brincar

spēlēt

caixa de areia

smilšu kaste

balanço

šūpoles

brinquedos

rotaļlietas

videogame

spēļu konsole

triciclo

trīsritenis

ursinho de pelúcia

plīša lācītis

guarda-roupa

drēbju skapis

vestuário

apģērbs

meias

īszeķes

meias pelo joelho

zeķes

meias-calças

zeķbikses

cachecol
šalle

guarda-chuva
lietussargs

camiseta
T-krekls

cinto
siksna

botas
zābaks

chinelos
čības

tênis
botas

sandálias	sapatos	botas de borracha
sandales	kurpes	gumijas zābaki

roupa de baixo	sutiã	camiseta de baixo
apakšbikses	krūšturis	apakškrekls

body
bodijs

calças
bikses

jeans
džinsi

saia
svārki

blusa
blūze

camisa
krekls

pulôver
pulovers

suéter com capuz
džemperis

blazer
žakete

jaqueta
jaka

casaco
mētelis

gabardine
lietus mētelis

traje
kostīms

vestido
kleita

vestido de casamento
kāzu kleita

terno
uzvalks

camisola
naktskrekls

pijama
pidžama

sari
sari

lenço de cabeça
lakats

turbante
turbāns

burca
burka

cafetã
kaftāns

abaya
abaja

maiô
peldkostīms

sunga
peldbikses

shorts
šorti

roupa de treino
treniņtērps

avental
priekšauts

luvas
cimdi

botão

poga

óculos

brilles

pulseira

rokassprādze

colar

kaklarota

anel

gredzens

brinco

auskars

boné

cepure

cabide

drēbju pakaramais

chapéu

platmale

gravata

kaklasaite

zíper

rāvējslēdzējs

capacete

ķivere

suspensórios

bikšturi

uniforme escolar

skolas forma

uniforme

uniforma

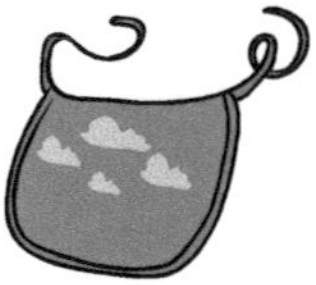

babador
priekšautiņš

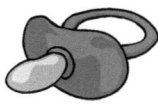

chupeta
māneklis

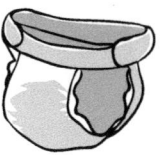

fralda
autiņbiksītes

escritório
birojs

servidor
serveris
armário de arquivos
dokumentu skapis
impressora
printeris
papel
papīrs
monitor
monitors
mouse
pele
escrivaninha
rakstāmgalds
pasta
dokumentu vāki
teclado
klaviatūra
cesto de lixo
papīrgrozs
computador
dators
cadeira
krēsls

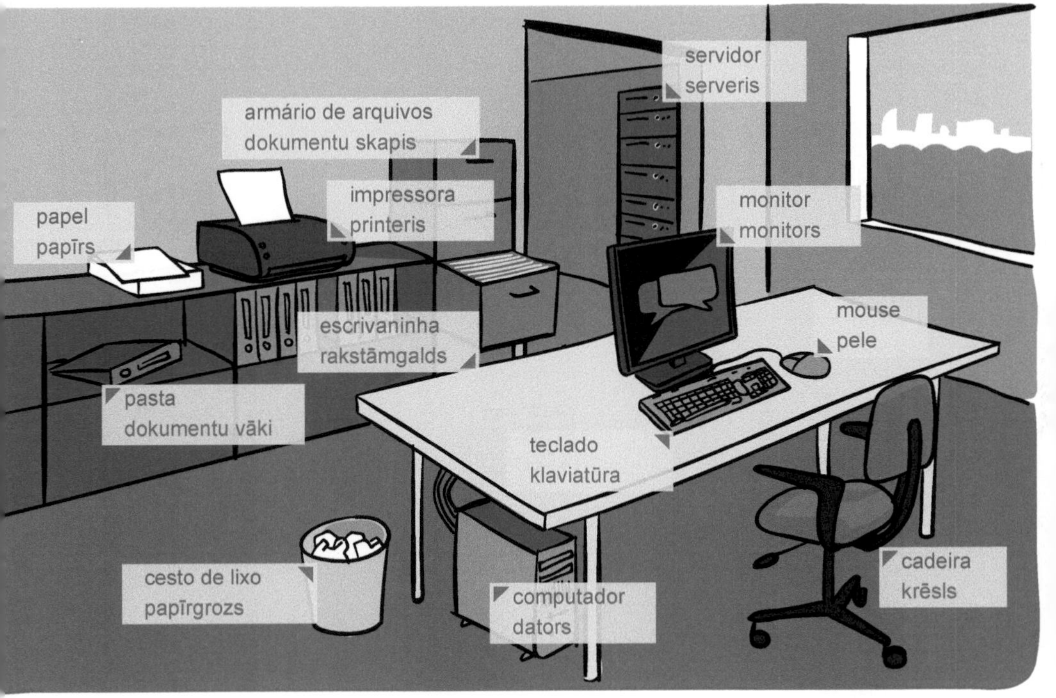

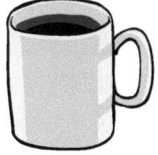

xícara de café
kafijas krūze

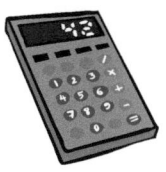

calculadora
kalkulators

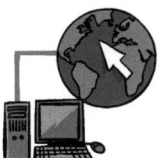

internet
internets

laptop

portatīvais dators

carta

vēstule

mensagem

ziņa

celular

mobilais tālrunis

rede

tīkls

copiadora

kopētājs

software

programmatūra

telefone

telefons

tomada

rozete

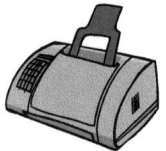

fax

faksa aparāts

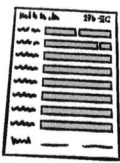

formulário

formulārs

documento

dokuments

comprar

pirkt

pagar

samaksāt

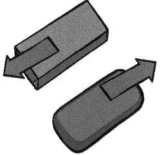

negociar

tirgot

dinheiro

nauda

Dólar

dolārs

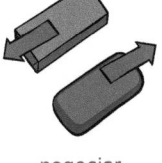

Euro

eiro

Yen

jēna

rublo

rublis

franco suíço

franks

renminbi yuan

juaņa renminbi

rupia

rūpija

caixa eletrônico

bankomāts

casa de câmbio

valūtas maiņas punkts

ouro

zelts

prata

sudrabs

petróleo

nafta

energia

enerģija

preço

cena

contrato

līgums

imposto

nodoklis

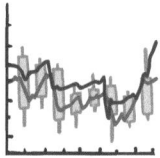

ação

akcija

trabalhar

strādāt

empregado

darbinieks

empregador

darba devējs

fábrica

fabrika

loja

veikals

economia - ekonomika

profissões
profesijas

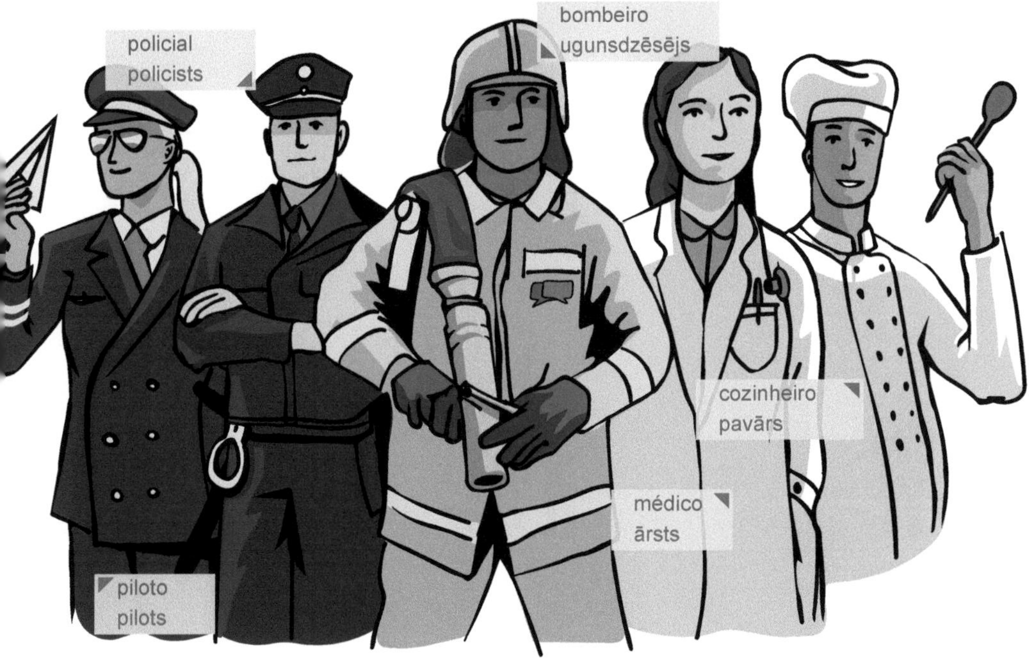

policial
policists
bombeiro
ugunsdzēsējs
cozinheiro
pavārs
médico
ārsts
piloto
pilots

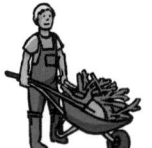

jardineiro

dārznieks

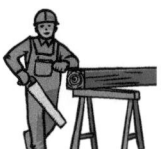

marceneiro

galdnieks

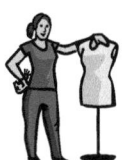

costureira

šuvēja

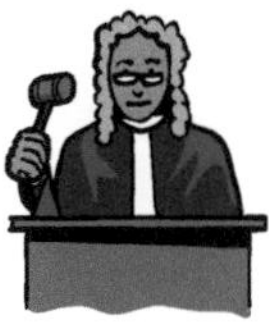

juiz

tiesnesis

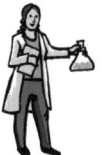

químico

ķīmiķis

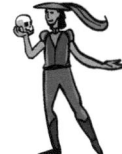

ator

aktieris

motorista de ônibus

autobusa vadītājs

motorista de táxi

taksometra vadītājs

pescador

zvejnieks

faxineira

apkopēja

telhador

jumiķis

garçom

viesmīlis

caçador

mednieks

pintor

gleznotājs

padeiro

maiznieks

eletricista

elektriķis

construtor

celtnieks

engenheiro

inženieris

açougueiro

miesnieks

encanador

skārdnieks

carteiro

pastnieks

soldado

karavīrs

arquiteto

arhitekts

caixa

kasieris

florista

florists

cabelereiro

frizieris

condutor

konduktors

mecânico

mehāniķis

capitão

kapteinis

dentista

zobārsts

cientista

zinātnieks

rabino

rabīns

imam

imāms

monge

mūks

pastor

mācītājs

ferramentas
instrumenti

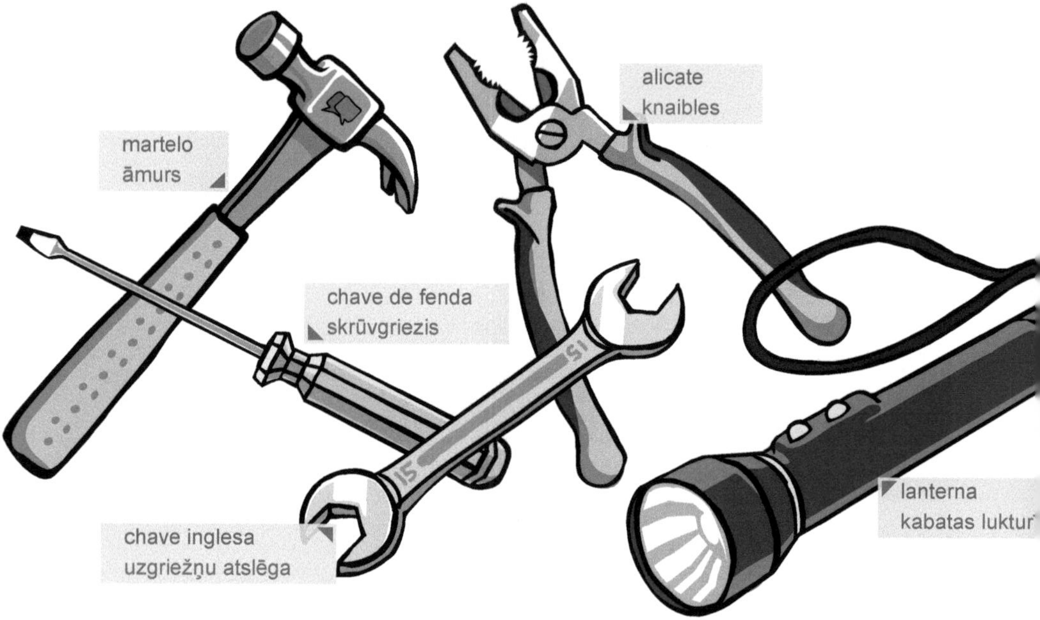
alicate
knaibles
martelo
āmurs
chave de fenda
skrūvgriezis
lanterna
kabatas luktur
chave inglesa
uzgriežņu atslēga

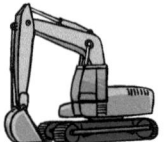

escavadora

ekskavators

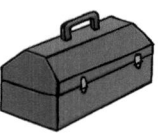

caixa de ferramentas

instrumentu kaste

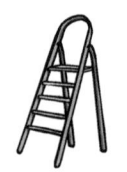

escada de mão

kāpnes

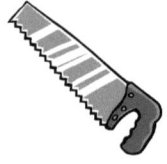

serra

zāģis

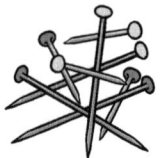

pregos

naglas

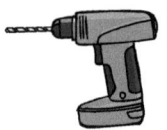

furadeira

urbis

consertar
....
remontēt

pá
....
lāpsta

Droga!
....
Velns!

pá de lixo
....
liekšķere

pote de tinta
....
krāsas bundža

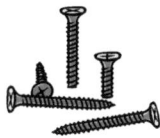

parafusos
....
skrūves

instrumentos musicais
mūzikas instrumenti

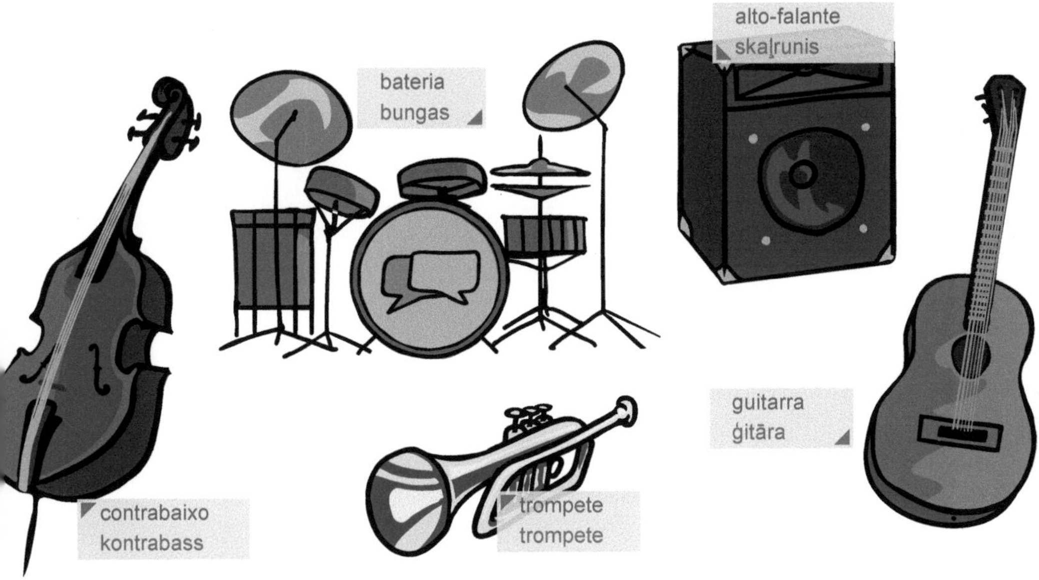

bateria
bungas

alto-falante
skaļrunis

guitarra
ģitāra

contrabaixo
kontrabass

trompete
trompete

piano

klavieres

violino

vijole

baixo

bass

timbales

timpāni

tambor

bungas

teclado

digitālās klavieres

saxofone

saksofons

flauta

flauta

microfone

mikrofons

instrumentos musicais - mūzikas instrumenti

tigre
tīģeris

entrada
ieeja

gaiola
būris

zebra
zebra

ração animal
dzīvnieku barība

panda
panda

animais

dzīvnieki

elefante

zilonis

canguru

ķengurs

rinoceronte

degunradzis

gorila

gorilla

urso

lācis

camelo

kamielis

avestruz

strauss

leão

lauva

macaco

pērtiķis

flamingo

flamings

papagaio

papagailis

urso polar

polārlācis

pinguim

pingvīns

tubarão

haizivs

pavão

pāvs

cobra

čūska

crocodilo

krokodils

guarda do zoológico

zoodārza sargs

foca

ronis

jaguar

jaguārs

zoológico - zooloģiskais dārzs

pônei
ponijs

leopardo
leopards

hipopótamo
nīlzirgs

girafa
žirafe

águia
ērglis

javali
meža cūka

peixe
zivs

tartaruga
bruņurupucis

morsa
valzirgs

raposa
lapsa

gazela
gazele

futebol americano
amerikāņu futbols

ciclismo
riteņbraukšana

tênis
teniss

basquete
basketbols

natação
peldēšana

boxe
bokss

hóquei no gelo
hokejs

futebol
futbols

badminton
badmintons

atletismo
vieglatlētika

handebol
rokas bumba

esqui
slēpošana

polo
polo

atividades
darbības

rir
smieties
pular
lēkt
abraçar
apskaut
andar
iet
cantar
dziedāt
sonhar
sapņot
rezar
lūgt
beijar
skūpstīt

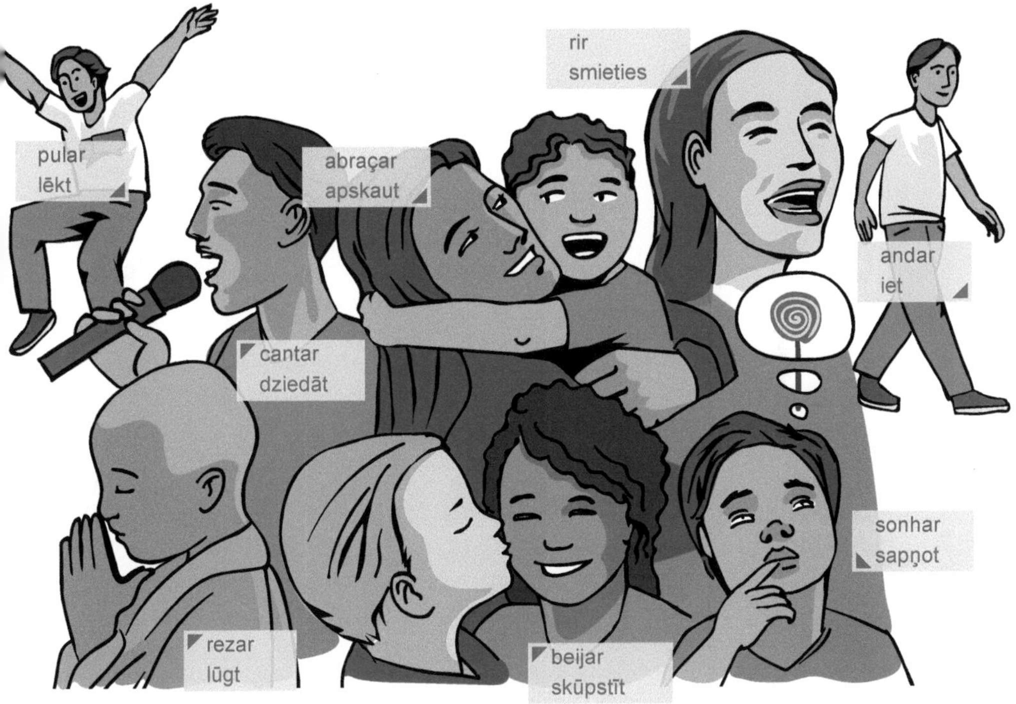

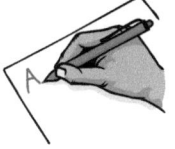

escrever

rakstīt

desenhar

zīmēt

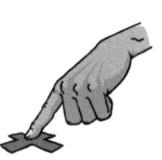

mostrar

rādīt

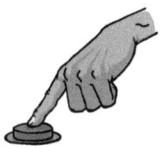

empurrar

spiest

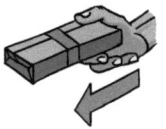

dar

dot

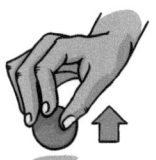

tomar

ņemt

ter
....
būt

fazer
....
darīt

ser
....
būt

ficar de pé
....
stāvēt

correr
....
skriet

puxar
....
vilkt

jogar
....
mest

cair
....
krist

deitar
....
gulēt

esperar
....
gaidīt

carregar
....
nest

sentar
....
sēdēt

vestir
....
uzģērbt

dormir
....
gulēt

despertar
....
pamosties

olhar para

skatīties

chorar

raudāt

acariciar

glāstīt

pentear

ķemmēt

falar

runāt

entender

saprast

perguntar

jautāt

ouvir

dzirdēt

beber

dzert

comer

ēst

arrumar

sakārtot

amar

mīlēt

cozinhar

vārīt

dirigir

braukt

voar

lidot

velejar

burot

calcular

rēķināt

ler

lasīt

aprender

mācīties

trabalhar

strādāt

casar

precēties

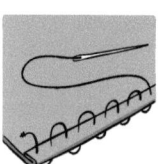

costurar

šūt

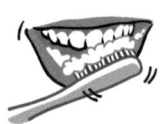

escovar os dentes

tīrīt zobus

matar

nogalināt

fumar

smēķēt

enviar

sūtīt

família
ģimene

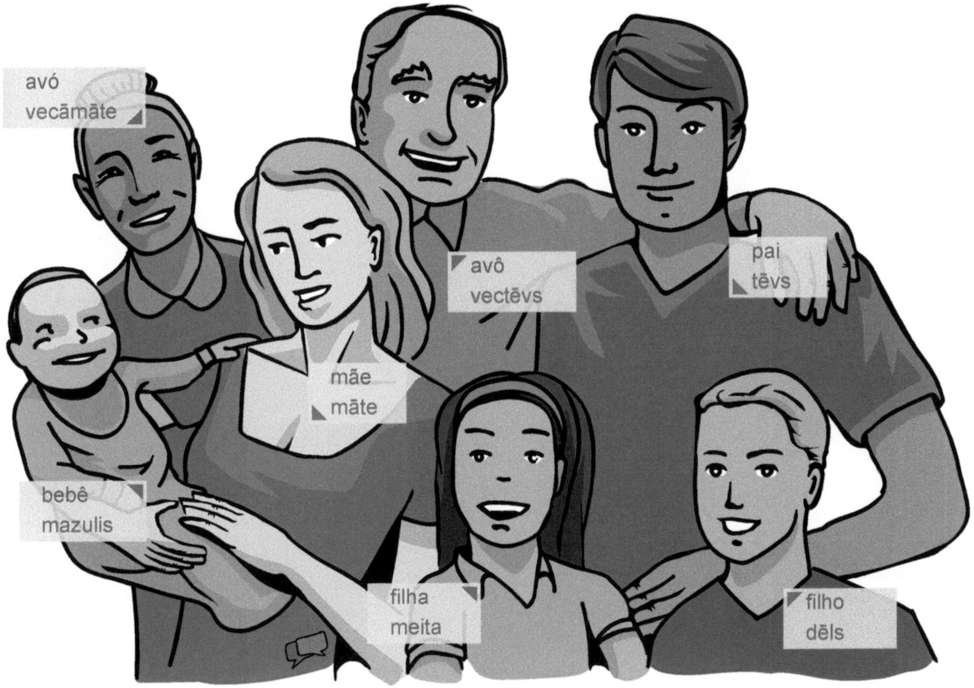
avó
vecāmāte
avô
vectēvs
pai
tēvs
mãe
māte
bebê
mazulis
filha
meita
filho
dēls

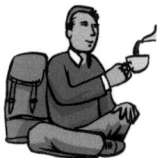

convidado

viesis

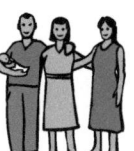

tia

tante

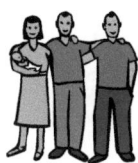

tio

onkulis

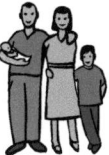

irmão

brālis

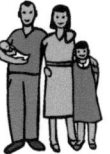

irmã

māsa

corpo
ķermenis

testa
piere
olho
acs
ombro
plecs
dedo
pirksts
rosto
seja
queixo
zods
mão
roka
perna
kāja
peito
krūtis
braço
roka

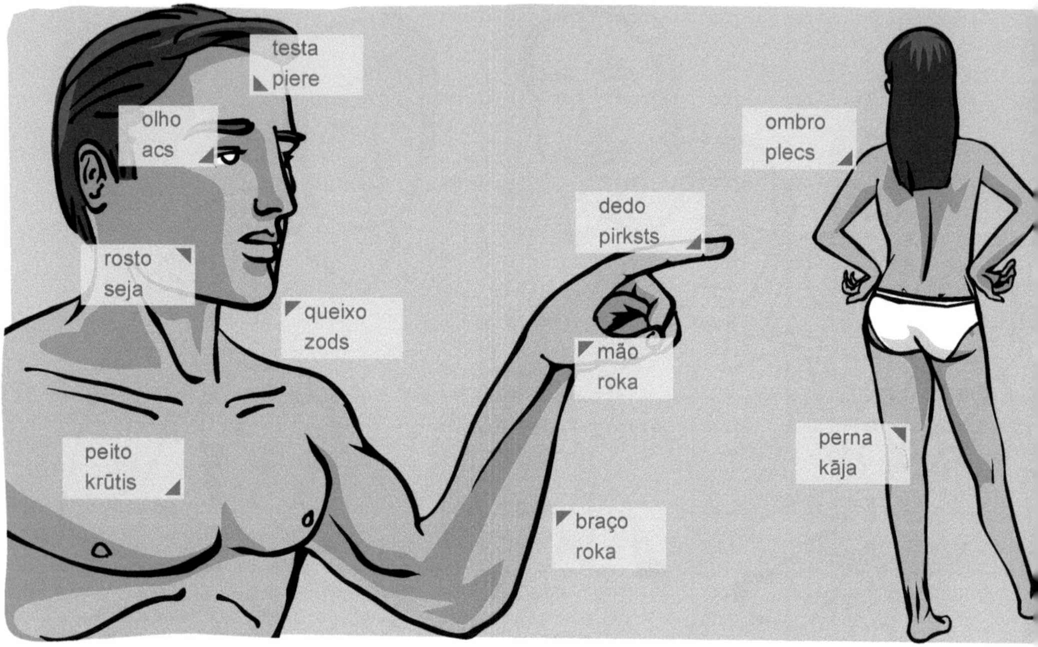

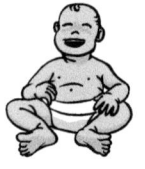

bebê
mazulis

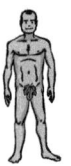

homem
vīrietis

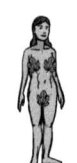

mulher
sieviete

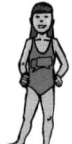

menina
meitene

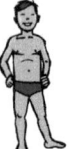

menino
zēns

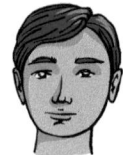

cabeça
galva

costas

mugura

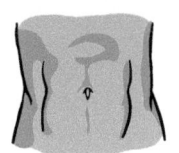

barriga

vēders

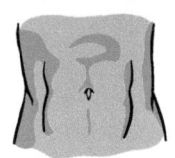

umbigo

naba

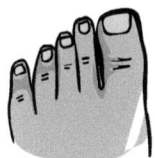

dedo do pé

kājas pirksts

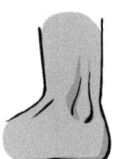

calcanhar

papēdis

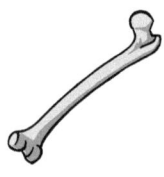

osso

kauls

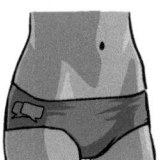

anca

gurns

joelho

celis

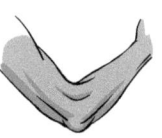

cotovelo

elkonis

nariz

deguns

nádegas

dibens

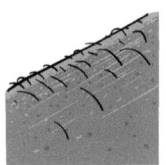

pele

āda

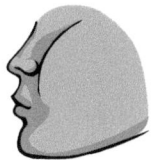

bochecha

vaigs

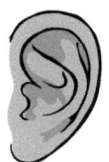

orelha

auss

lábio

lūpa

boca

mute

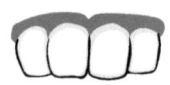

dente

zobs

língua

mēle

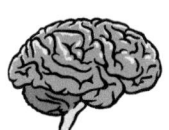

cérebro

smadzenes

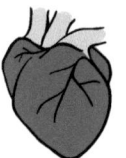

coração

sirds

músculo

muskulis

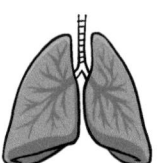

pulmão

plaušas

fígado

aknas

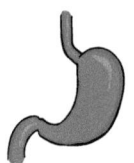

estômago

kuņģis

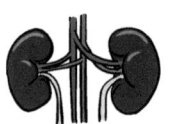

rins

nieres

relações sexuais

dzimumakts

preservativo

kondoms

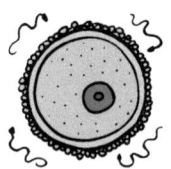

óvulo

olšūna

esperma

sperma

gravidez

grūtniecība

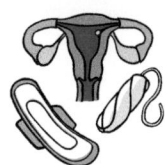

menstruação

menstruācijas

vagina

vagīna

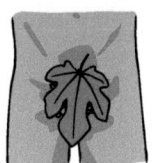

pênis

penis

sobrancelha

uzacs

cabelo

mati

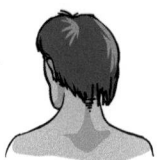

pescoço

kakls

hospital
slimnīca

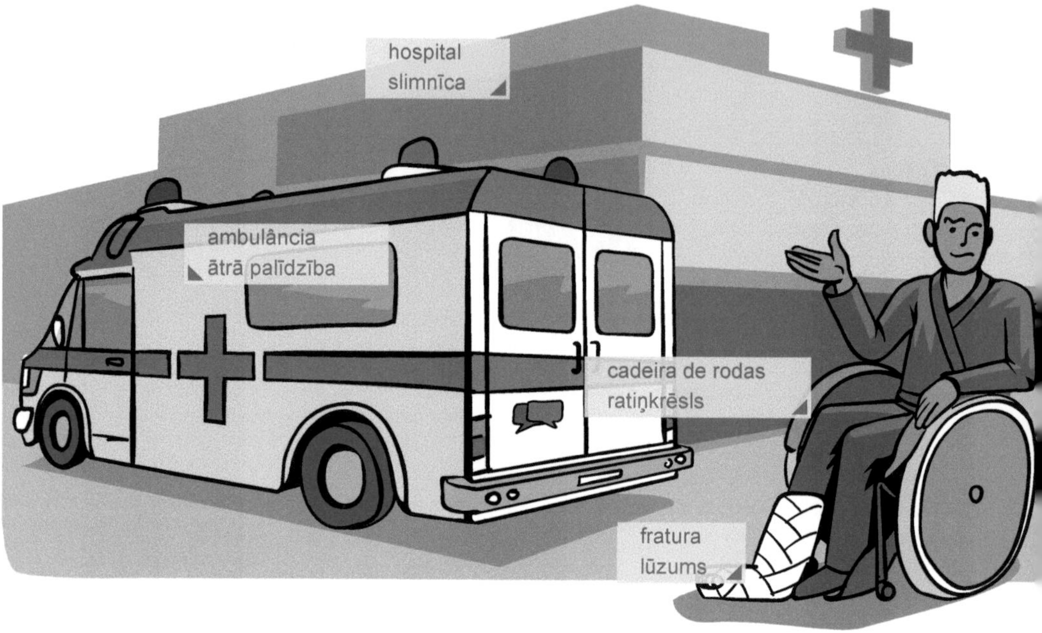

hospital
slimnīca
ambulância
ātrā palīdzība
cadeira de rodas
ratiņkrēsls
fratura
lūzums

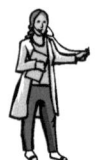

médico

ārsts

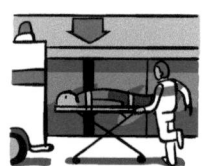

pronto-socorro

neatliekamās palīdzības nodaļa

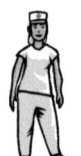

enfermeira

medmāsa

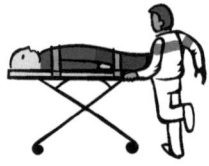

emergência

ārkārtas gadījums

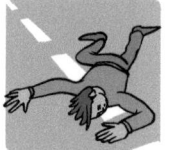

inconsciente

paģībis

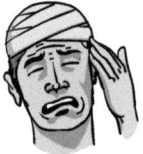

dor

sāpes

ferimento

ievainojums

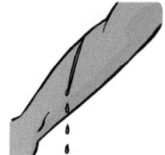

hemorragia

asiņošana

ataque cardíaco

sirdslēkme

cidente vacular cerebral

insults

alergia

alerģija

tosse

klepus

febre

temperatūra

gripe

gripa

diarreia

caureja

dor de cabeça

galvassāpes

câncer

vēzis

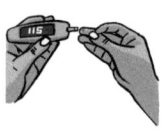

diabetes

diabēts

cirurgião

ķirurgs

bisturi

skalpelis

operação

operācija

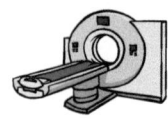

CT
datortomogrāfija

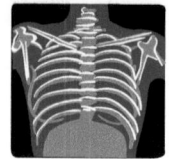

raio x
rentgents

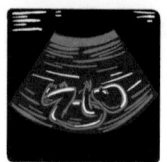

ultrassom
ultraskaņa

máscara
sejas maska

doença
slimība

sala de espera
uzgaidāmā telpa

muleta
kruķis

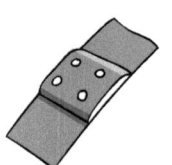

bandeide
plāksteris

ligadura
apsējs

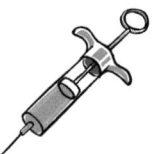

injeção
injekcija

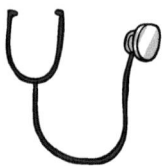

estetoscópio
stetoskops

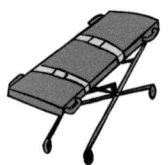

maca
nestuves

termômetro
termometrs

nascimento
dzemdības

excesso de peso
liekais svars

aparelho auditivo

dzirdes aparāts

desinfetante

dezinfekcijas līdzeklis

infecção

infekcija

vírus

vīruss

HIV / AIDS

HIV / AIDS

medicamento

zāles

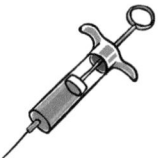

vacinação

pote

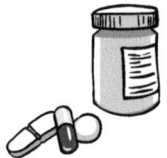

comprimidos

tabletes

pílula

pretapauglošanās tablete

chamada de emergência

ārkārtas izsaukums

dispositivo de medição de
pressão arterial

asinsspiediena mērītājs

doente / saudável

slims / vesels

Socorro!

Palīgā!

alarme

trauksme

assalto

uzbrukums

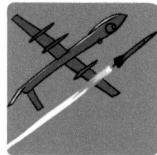

ataque

uzbrukums

perigo

bīstamība

saída de emergência

avārijas izeja

Fogo!

Uguns!

extintor de incêndios

ugunsdzēšamais aparāts

acidente

negadījums

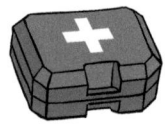

maleta de primeiros socorros

pirmās palīdzības aptieciņa

SOS

SOS

polícia

policija

Europa

Eiropa

América do Norte

Ziemeļamerika

América do Sul

Dienvidamerika

África

Āfrika

Ásia

Āzija

Austrália

Austrālija

Atlântico

Atlantijas okeāns

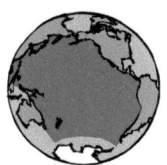

Pacífico

Klusais okeāns

Oceano Índico

Indijas okeāns

Oceano Antártico

Dienvidu okeāns

Oceano Ártico

Ziemeļu ledus okeāns

Polo Norte

Ziemeļpols

Polo Sul

Dienvidpols

Antártica

Antarktika

Terra

zeme

terra

zeme

mar

jūra

ilha

sala

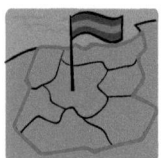

nação

nācija

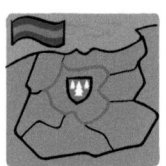

estado

valsts

mostrador do relógio
ciparnīca

ponteiro das horas
stundu rādītājs

ponteiro dos minutos
minūšu rādītājs

ponteiro dos segundos
sekunžu rādītājs

Que horas são?
Cik ir pulkstenis?

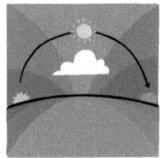

dia
diena

tempo
laiks

agora
tagad

relógio digital
digitālais pulkstenis

minuto
minūte

hora
stunda

semana
nedēļa

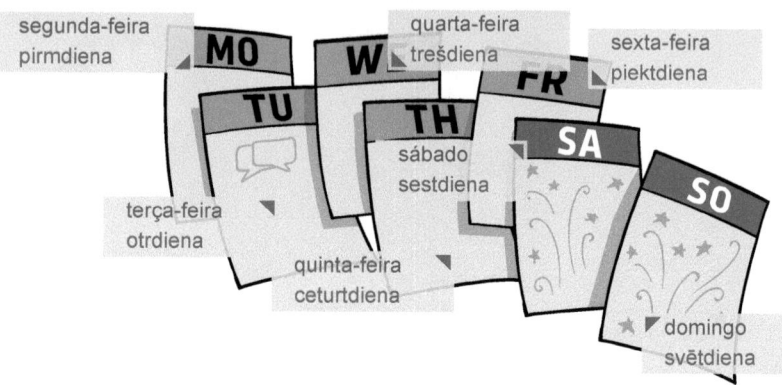

segunda-feira
pirmdiena

quarta-feira
trešdiena

sexta-feira
piektdiena

terça-feira
otrdiena

sábado
sestdiena

quinta-feira
ceturtdiena

domingo
svētdiena

ontem

vakardien

hoje

šodien

amanhã

rītdien

manhã

rīts

meio-dia

pusdienlaiks

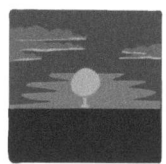

entardecer

vakars

MO	TU	WE	TH	FR	SA	SU
1	2	3	4	5	6	7
8	9	10	11	12	13	14
15	16	17	18	19	20	21
22	23	24	25	26	27	28
29	30	31	1	2	3	4

dias úteis

darbadienas

MO	TU	WE	TH	FR	SA	SU
1	2	3	4	5	6	7
8	9	10	11	12	13	14
15	16	17	18	19	20	21
22	23	24	25	26	27	28
29	30	31	1	2	3	4

fim de semana

brīvdienas

ano
gads

chuva
lietus
arco-íris
varavīksne
neve
sniegs
vento
vējš
primavera
pavasaris
outono
rudens
verão
vasara
inverno
ziema

4.APRIL 11°
5.APRIL 4°
6.APRIL 13°
7.APRIL 8°
8.APRIL 10°

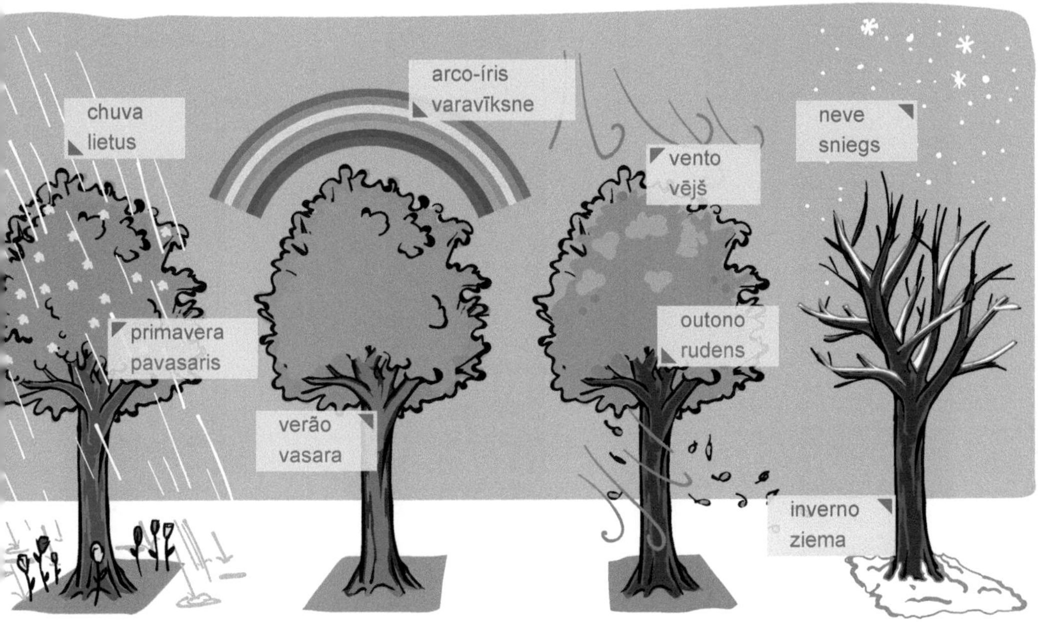

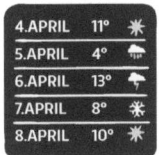

previsão do tempo

laika prognoze

F C
120 90 60 30 0 -30
40 30 20 10 0 -10 -20

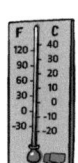

termômetro

termometrs

raio de sol

saules gaisma

nuvem

mākonis

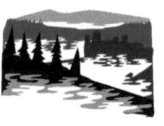

neblina / nevoeiro

migla

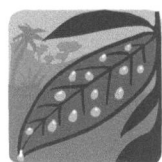

umidade do ar

gaisa mitrums

relâmpago

zibens

trovão

pērkons

tempestade

vētra

granizo

krusa

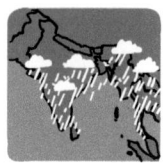

monção

musons

inundação

plūdi

gelo

ledus

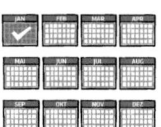

janeiro

janvāris

fevereiro

februāris

março

marts

abril

aprīlis

maio

maijs

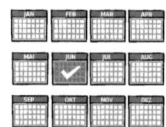

junho

jūnijs

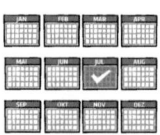

julho

jūlijs

agosto

augusts

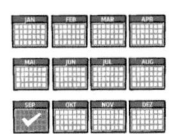

setembro
septembris

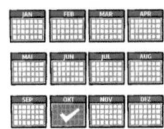

outubro
oktobris

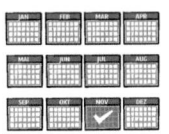

novembro
novembris

dezembro
decembris

formas
formas

círculo
aplis

quadrado
kvadrāts

retângulo
četrstūris

triângulo
trīsstūris

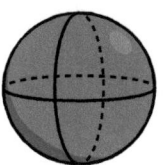

esfera
lode

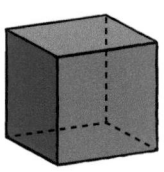

cubo
kubs

branco

balts

amarelo

dzeltens

laranja

oranžs

rosa

sārts

vermelho

sarkans

lilás

lillā

azul

zils

verde

zaļš

marrom

brūns

cinza

pelēks

preto

melns

muito / pouco

daudz / maz

furioso / tranquilo

saniknots / miermīlīgs

lindo / feio

skaists / neglīts

começo / fim

sākums / beigas

grande / pequeno

liels / mazs

claro / escuro

gaišs / tumšs

irmão / irmã

brālis / māsa

limpo / sujo

tīrs / netīrs

completo / incompleto

pilnīgs / nepilnīgs

dia / noite

diena / nakts

morto / vivo

miris / dzīvs

largo / estreito

plats / šaurs

comestível / não comestível

baudāms / nebaudāms

mau / gentil

nikns / laipns

entusiasmado / entediado

satraukts / garlaikots

gordo / magro

resns / tievs

primeiro / último

pirmais /pēdējais

amigo / inimigo

draugs / ienaidnieks

cheio / vazio

pilns / tukšs

duro / macio

ciets / mīksts

pesado / leve

smags / viegls

fome / sede

izsalkums / slāpes

doente / saudável

slims / vesels

ilegal / legal

nelegāls / legāls

inteligente / idiota

inteliģents / dumjš

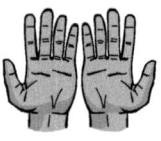

esquerda / direita

kreisais / labais

perto / longe

tuvu / tālu

novo / usado

jauns / lietots

nada / alguma coisa

nekas / kaut kas

velho / jovem

vecs / jauns

ligado / desligado

ieslēgts / izslēgts

aberto / fechado

atvērts / slēgts

baixo / alto

kluss / skaļš

rico / pobre

bagāts / nabags

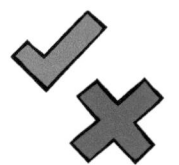

certo / errado

pareizi / nepareizi

áspero / liso

raupjš / gluds

triste / feliz

noskumis / laimīgs

curto / longo

īss / garš

lento / rápido

lēns / ātrs

molhado / seco

slapjš / sauss

ameno / fresco

silts / vēss

guerra / paz

karš / miers

opostos - pretstati

0

zero

nulle

1

um

viens

2

dois

divi

3

três

trīs

4

quatro

četri

5

cinco

pieci

6

seis

seši

7

sete

septiņi

8

oito

astoņi

9

nove

deviņi

10

dez

desmit

11

onze

vienpadsmit

12

doze

divpadsmit

13

treze

trīspadsmit

14

quatorze

četrpadsmit

15

quinze

piecpadsmit

16

dezesseis

sešpadsmit

17

dezessete

septiņpadsmit

18

dezoito

astoņpadsmit

19

dezenove

deviņpadsmit

20

vinte

divdesmit

100

cem

simts

1.000

mil

tūkstotis

1.000.000

milhão

miljons

inglês

anglu

inglês americano

amerikāņu anglu

chinês mandarim

ķīniešu mandarīnu valoda

hindi

hindi

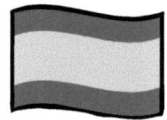

espanhol

spāņu

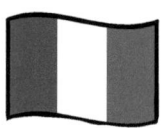

francês

franču

árabe

arābu

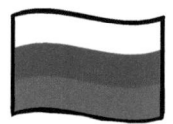

russo

krievu

português

portugāļu

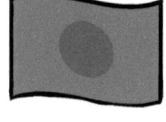

bengalês

bengāļu

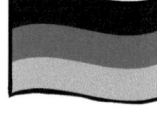

alemão

vācu

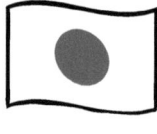

japonês

japāņu

eu

es

você

tu

ele / ela

viņš / viņa

nós

mēs

vocês

jūs

eles / elas

viņi / viņas

quem?

kas?

O quê?

ko?

como?

kā?

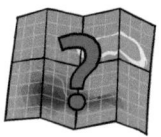

onde?

kur?

Quando?

kad?

nome

vārds

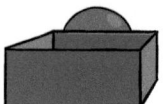

atrás

aiz

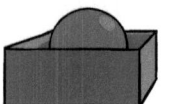

em

iekšā

na frente de

priekšā

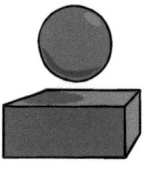

sobre

virs

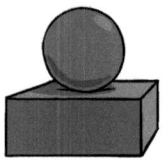

em cima

uz

debaixo

zem

do lado

blakus

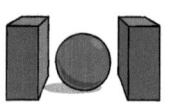

entre

starp

lugar

vieta